KB207723

The 7 Habits on the Go
: Timeless Wisdom for a Rapidly Changing World

Inspired by the wisdom of Stephen R. Covey
by Sean Covey

성공하는 사람들의 7가지 습관 : 챌린지 북

1판 1쇄 인쇄 2024. 10. 18.
1판 1쇄 발행 2024. 10. 25.

지은이 스티븐 코비·숀 코비
옮긴이 이재용·정병창

발행인 박강휘
편집 박완희 디자인 박주희 마케팅 이헌영 홍보 강원모
발행처 김영사

등록 1979년 5월 17일(제406-2003-036호)
주소 경기도 파주시 문발로 197(문발동) 우편번호 10881
전화 마케팅부 031)955-3100, 편집부 031)955-3200 | 팩스 031)955-3111

값은 뒤표지에 있습니다.
ISBN 979-11-94330-43-1 03320

홈페이지 www.gimmyoung.com   블로그 blog.naver.com/gybook
인스타그램 instagram.com/gimmyoung   이메일 bestbook@gimmyoung.com

좋은 독자가 좋은 책을 만듭니다.
김영사는 독자 여러분의 의견에 항상 귀 기울이고 있습니다.

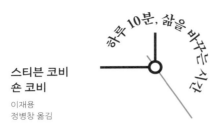

하루 10분, 삶을 바꾸는 시간

스티븐 코비
숀 코비

이재용
정병창 옮김

성공하는 사람들의 7가지 습관 : 챌린지 북

김영사

이 세상에 하나뿐인

_____의 인생을 위하여

내면의 중심부터 변하지 않으면
삶을 바꿀 수 없습니다.

특별 보너스

효율적인
삶보다
효과적인
삶으로

스콧 밀러(《거인들의 인생 법칙》 저자)

성과 개선 분야의 선두주자인 프랭클린코비사에서 25년 가까이 일하는 동안, 우리 회사의 공동 창립자 스티븐 코비 박사의 근원적 저서 《효과적인 사람들의 7가지 습관The 7 Habits of Highly Effective People》이 세계 각국에서 '성공하는 사람들의 7가지 습관' 또는 '효율적인 사람들의 7가지 습관'으로 불리는 것에 놀라지 않을 수 없었습니다. 〔국내에서도 '성공하는 사람들의 7가지 습관'이라는 제목으로 1994년 출간되었다.〕

제목을 잘못 이해한 사람들에게는 사소한 차이처럼 보일 수 있지만, '효과적인 사람들의 습관'이라는 표현에는 코비 박사의 매우 깊은 뜻이 담겼습니다.

그가 매사에 효과성에 집중했다는 점을 놓쳐서는 안 됩니다. 코비 박사는 사람들이 효과적으로 성장하고, 자신뿐 아니라 타인과 효과적으로 관계 맺도록 돕기 위해 애썼습니다. 그리고 유산을 남겼습니다.

7가지 습관 중 처음 3가지 습관은 자신의 삶을 효과적으로 만드는 법에 초점을 맞춥니다. "개인의 승리"를 위해서는 자신의 행동, 태도, 우선순위, 사명 및 목적을 파악해야 합니다. 다음 3가지 습관은 "대인관계의 승리"에 관한 것입니다. 부모, 배우자, 리더, 친구, 동료, 이웃으로

서 다른 사람들과 상호작용하는 법을 다룹니다. 쇄신을 강조한 마지막 습관은 다른 모든 습관을 둘러쌉니다.

7가지 습관에 관해 저의 '아하 모먼트'는 스티븐 코비 박사가 효율적인 삶being efficient과 효과적인 삶being effective의 차이를 명확하게 설명해주었을 때였습니다. 효율적인 사고방식과 효과적인 사고방식의 구분은 너무나 중요한데, 누구도 그 차이를 잊어서는 안 됩니다.

저는 항상 매우 효율적인 사람이었습니다. 지인들은 제가 새벽 4시에 일어나서 칼럼과 책을 쓴다는 것을 잘 압니다. 한편 저는 할 일 목록을 좋아합니다. 예를 들어, 저의 전형적인 토요일 계획은 매우 효율적입니다. 아침 9시에 세차를 하고, 홈디포로 달려가 정원용품을 구매하고, 잔디를 깎고, 샤워를 마치고, 새 하루를 준비합니다. 보통 사람들이 보기에 저는 지나치게 생산적입니다. 더 빨리 더 많이 일하기를 원하죠. 제 경력을 보면 대부분의 인생 영역에서 잘해왔습니다.

제가 너무 효율적이어서 지쳐 쓰러지리라 생각하지는 말아주세요. 오히려 효율성은 우리 삶에 필요한 좋은 자질입니다. 크게 성공한 사람들은 사실 매우 효율적입니다. 회의 등 업무를 진행할 때, 문자 메시지와 이메일을 보낼 때, 쓰레기를 치우고 잔디밭을 청소할 때 효율성을 높일 수 있습니다. 여러분은 여러 방법으로 효율성을 높일 수 있습니다.

문제는, 여러분도 그러실지 모르겠지만, 제가 삶의 모든 영역에 효율성 패러다임을 적용한 것입니다. 개인적·직업적 인간관계에까지 말이죠. 그 결과는 종종 비참했습니다.

7가지 습관 덕분에 깨달았습니다. 우리는 인간관계에서는 효율적일 수 없습니다. 효과적인 사람들이 인간관계에서는 효율성 패러다임에서 벗어나기 위해 얼마나 애쓰는지 코비 박사가 그의 책에서 언급한 바 있습니다.

제가 7가지 습관으로부터 얻은 가장 큰 교훈은 효율적으로 살아야 할 때와 효과적으로 살아야 할 때를 구분해야 한다는 것입니다.

코비 박사의 명문장을 하나 소개하겠습니다. "사람을 대할 때는 느린 것이 빠른 것이고, 빠른 것이 느린 것이다." 신뢰를 쌓고 관계를 이어나가고 싶다면 속도를 늦추고, 시간을 갖고, 상대방의 말을 공감적으로 경청해보세요.

공식적이든 비공식적이든 당신이 리더라면 누군가가 어떤 문제를 상의하려 찾아올 때 일단 노트북을 닫고 안경을 벗고 휴대폰을 내려놓고,

당신 앞에 서 있거나 앉아 있는 사람에게 온전히 집중해보시기 바랍니다.

'사람'이 조직의 가장 가치 있는 자산이라는 아이디어는 과장된 표현입니다. 이는 사실이 아닙니다. 조직에서 가장 가치 있는 자산은 사람이 아닙니다. 문화를 창조하고 경쟁 우위를 만들어내는 것은, 사람들 사이의 '관계'입니다.

다시 한번 반복합니다. 인간관계에서는 효율을 추구할 수 없습니다. 이것은 저에게 가장 큰 교훈이었습니다. (오, 맞아요. 어쩌면 저의 가장 큰 재능인 효율성을 모든 상황에 적용한 탓에 몇몇 관계가 틀어지고 갈등이 발생했던 것 같네요. 깨닫게 해주어서 정말 감사합니다. 아마도 어떤 사람들은 때때로 제가 성급하고 무례하거나 집중하지 않는다고 보았을 것입니다.)

코비 박사의 책을 읽기 전까지는 인생의 한 영역에서의 재능이 다른 영역에서의 걸림돌이 된다는 것을 이해하지 못했습니다. 제 재능은 사람들과 탄탄한 신뢰를 형성하지 못하게 방해했습니다. 배우자와 부모가 되고 나니 이 교훈의 가치가 훨씬 더 와닿습니다. 효과성 사고방식에 뿌리를 둔 모든 관계는 훨씬 오래가고 유익하고 상호적이며 의미 있습니다.

그러므로 제 인생을 바꾼 책의 특별판을 통해 독자 여러분도 무언가를 얻을 수 있기를 바랍니다. 요즘엔 모두가 매우 생산적인 사람이 되려 노력합니다. 급변하는 세상에서는 멀티태스킹을 피할 수 없으며, 우리는 대부분 실현 가능한 적정 수준보다 과하게 일하고 있습니다. 이러한 맥락에서 '챌린지 북'이 나왔습니다.

모든 사람이 긴 책을 처음부터 끝까지 읽거나, 다시 읽을 수 없음을 알고 있습니다. 이 책은 시간이나 읽기 능력이 부족한 사람도 쉽고 빠르게 읽을 수 있습니다. 코비 박사의 핵심 통찰을 짧은 문구로 압축하고, 주요 용어와 인용문을 콕 집어냈지요. 그렇다고 심오한 내용 중 빠진 것은 없습니다. 챌린지 북은 진입 장벽이 낮습니다. 심오한 원칙들을 읽기 쉽고 실천하기 쉬운 형식으로 만든 가벼운 입문서입니다.

여러분의 삶에서 가장 중요한 부분은 항상 관계에 뿌리를 두고 있으며, 인간관계에서는 효율성보다는 효과성에 초점을 맞추는 것이 중요함을 모든 사람이 인식하는 데 이 책이 도움이 되기를 바랍니다.

7

월화수목
금토일,

7가지
습관

숀 코비

'급변하는 세상을 위한 시대를 초월한 지혜'를 전하는 이 책을 찾아주신 여러분, 환영합니다. 1주든 1개월이든 1년이든 이 여정에 쏟고자 하는 시간이 얼마든 상관없습니다. 저는 여러분이 안전지대에서 벗어나 패러다임을 바꾸고, 관계를 개선하고, 개인적·직업적으로 더 효과적인 사람이 되기를 간절히 바랍니다.

여러분은 아마도 "당신이 옳아요, 손! 하지만 저는 지금 할 일이 너무 많아서 단 하나도 더 해낼 시간이 없어요."라고 생각할 것입니다. 하지만 바로 그 점이 우리가 챌린지 북을 만든 이유입니다. 이 책의 내용은 누구나 곧바로 실행할 수 있으며 효과만점입니다.

하루에 몇 분만 짬을 내서 한 꼭지씩 읽어보세요. 그러고 나서 자신에게 이번 주의 질문을 던져보세요. 일단 멈춰서 질문을 곱씹고 도전과제를 실천해보세요.

자기계발의 비결은 하룻밤 사이에 완전히 다른 사람으로 변하는 것이 아닙니다. 매일 자신을 위해 작은 승리를 거두는 것입니다. 어제보다 나아지기 위해 날마다 몇 분만 투자하면 목표에 도달할 수 있습니다. 매일 여러분은 제 아버지 스티븐 코비 박사가 쓴 세계적 베스트셀러의 소중한 지혜를 배울 수 있습니다.

챌린지 북은 짧지만, 그 속에 담긴 가르침은 통찰력이 넘칩니다. 각 페이지는 효과성의 핵심 원리를 전하고, 도전을 끌어내며, 자기성찰을 돕고, 영감을 불어넣는 명문장을 제공합니다. 여기저기 마음대로 골라서 읽어도 좋습니다. 자유롭게 해보십시오. DMV에서 줄을 서 있거나, 영화를 다운로드하거나, 혹은 승차를 기다리는 동안 읽으셔도 됩니다. 그냥 들고 다니기만 해도 만족스러워질 것입니다.

인생을 통제하는 가장 좋은 방법은 자기 자신과 약속을 한 다음 그것을 지키는 것입니다. 여정을 시작하고 간단한 프로세스를 따르고 자신과 다른 사람들에게 한 약속을 지켜보세요. 가정과 직장에서 어려움을 극복할 능력이 자라날 것입니다. 작은 일에서 큰일이 시작되는 것을 잊지 마십시오. 최고의 여정을 기원합니다.

패러다임과

Introduction to the Habits

원칙

시작

'효과성'의 정의 이해하기

Define Effectiveness

○ 더 효과적으로 살기 위해
바꾸고 싶은 것들을 적어보라.
이 책에서 도전과제를 해결할
때 참조하도록 그 목록을 잘
보관하라.

자신에게 질문하기 업무와 개인적인 삶에서 나에게 가장 중요한 것은 무엇인가?

초점을 바꾸면 그 영향도 달라진다. 삶에서 가장 중요한 사항에 집중하고 그 분야에서 긍정적인 변화를 일으키기 위해 필요한 다음 단계를 적어보라.

스티븐 코비의 말 오늘부터 7가지 습관 중 하나만 실천해도 즉각적인 효과를 볼 수 있을 것이다. 그러나 이러한 실천은 일생을 거쳐 노력할 모험이고 약속이다.

성품 롤모델 찾기

②

Model Good Character

○ 훌륭한 성격을 지닌 사람을
  한 명 떠올려보라.

○ 그들이 삶의 기준으로 삼는
  원칙들을 정의해보자.

○ 그중에서 어떤 원칙들을 자신의
  삶에 적용해보고 싶은가?

○ 그러한 원칙을 따라서,
  오늘 무엇이든 실천해보라.

자신에게
질문하기 **자신의 성품을 희생하면서 눈앞의 일을 해결하는 것에만 급급했던 적이 있었는가?**

나무를 볼 때 줄기가 먼저 눈에 들어오듯, 사람들은 당신의 '성격'을 먼저 본다. 이런 외모와 기교 및 기술이 우리의 성공에 영향을 미칠 수 있지만, 지속적인 효과성의 진정한 원천은 강한 '성품', 즉 뿌리에 있다.

 스티븐
코비의
말 **성품 윤리에 의거한 삶을 사는 사람들은 강하고 깊은 뿌리를 가지고 있다. 그들은 삶 속에서 스트레스를 이겨내고 성장하며 진보한다.**

패러다임
확인하기

3

Check Your Paradigms

○ 인생에서 중요하게 생각하는
　측면을 다섯 단어로 적어보라.

○ 이 단어들은 당신의 패러다임에
　대해 무엇을 말해주는가?

○ 목표 달성을 위해 패러다임을
　어떻게 바꾸어야 하는지
　확인하라.

내 패러다임은 얼마나 정확한가?

패러다임은 우리가 세상을 바라보고 이해하며 해석하는 방법, 즉 정신적 지도다.

스티븐 코비의 말 삶에서 비교적 작은 변화를 원한다면, 태도와 행동에 집중하라. 그러나 중대하고 커다란 변화를 원한다면, 자신이 가진 기본적인 패러다임을 바꿀 필요가 있다.

자신의 삶을

Be Proactive

주도하라

자기 삶을 책임지라. 당신은 유전적·환경적·심리적
결정론의 희생자가 아니다. 영향력의 원 안에서 생활하라.

주도적으로 행동하기

Pause Between Stimulus and Response

○ 내일 나를 반사적으로 만들 것 같은 사람이나 상황을 예상해 보라.

○ 주도적으로 행동하기 위해 할 수 있는 일을 지금 결정하라.

감정이 격해지는 상황이 생길 때, 어떻게 주도적으로 대응할 수 있을까?

반사적인 사람들은 외부의 영향이 자신의 반응을 통제하도록 내버려둔다. 주도적인 사람들은 우선 멈춘 다음, 원칙과 스스로 바라는 결과에 따라 자신의 반응을 선택한다.

 우리에게 일어나는 자극과 그 자극에 대한 반응 사이에는 공간이 있다. 우리의 성장과 행복의 열쇠는 그 공간을 어떻게 이용하는가에 달렸다.

'변환자' 되기

Become a Transition Person

○ 나쁜 습관, 부정적인 태도 등
　 누군가에게 물려받았을 수 있는
　 부정적인 패턴을 생각해보라.

○ 이러한 것들이 당신에게 어떤
　 영향을 미치는가?

○ 부정적인 패턴을 깨기 위해
　 오늘 할 수 있는 일은
　 무엇인가?

자신에게 질문하기 **나에게 변환자의 역할을 한 사람은 누구인가? 그들은 나의 삶에 어떤 영향을 미쳤는가?**

변환자는 건강하지 않은, 폭력적인, 효과적이지 않은 행동을 타파한 사람이다. 그들은 다른 사람을 긍정적인 방향으로 강화하고 개발하는 습관을 전파한다.

스티븐 코비의 말 당신은 유전자, 자라온 방식, 그리고 환경에 영향을 받는다. 하지만 그것들이 당신의 모든 것을 결정하는 것은 아니다.

반사적인 언어와 결별하기 ⑥

Banish Reactive Language

○ "나는 할 수 없어."
"내가 해야만 해." 혹은
"너 때문에 미치겠네." 같은
반사적 언어를 사용하지 않고
하루를 온전히 보내보자.

내가 한 말이 나를 희생자로 만드는가?

반사적인 언어는 자신을 주도적이고 자립적인 사람이 아니라, 상황의 희생자로 여기는 확실한 신호다.

반사적인 언어의 심각한 문제는 그것이 자성예언이 된다는 점이다. 이런 사람들은 자신들의 삶이나 운명을 책임지지 않고 피해의식을 가지며 통제력을 상실한다. 그들은 자신이 처한 상황을 다른 사람들이나 주위 환경, 심지어 별들과도 같은 외부의 영향력 탓으로 돌린다.

주도적인
언어 사용하기

Speak Proactively

○ 의식적으로 오늘 이러한 문장을
첫 마디로 사용해보자.

"나는 이 일을 하고 싶어."
"나는 이 일을 시작하겠어."
"나는 할 수 있어."

주도적인 언어를 사용할 때 자신에 대해 어떻게 다르게 느끼는가?

우리가 사용하는 언어는 우리가 자신을 주도적인 사람으로 보는 정도를 나타내는 진정한 지표다. 주도적 언어를 사용하면 더 많은 능력을 갖게 되고 행동할 힘이 생긴다.

스티븐 코비의 말 **나는 환경의 산물이 아니다. 나는 내 결정의 산물이다.**

'관심의 원' 축소하기

Shrink Your Circle of Concern

○ 현재 직면하고 있는 문제나
   기회를 생각해보자.

○ 관심의 원 안에 있는 모든 것을
   적은 다음, 흘러가는 대로 그냥
   내버려두라.

_____

_____

_____

_____

_____

_____

_____

_____

나는 통제할 수 없는 것에 얼마나 많은 시간과 에너지를 낭비하는가?

관심의 원은 걱정은 되지만 통제할 수 없는 것을 포함한다. 여기에 초점을 맞출 경우, 영향을 미칠 수 있는 것들에 사용할 시간과 에너지가 줄어든다.

스티븐 코비의 말 심판이 되기보다는 등불이 되어라. 비평가가 되기보다는 모델이 되어라.

'영향력의 원' 확장하기

Expand Your Circle of Influence

○ 현재 직면한 큰 도전을 생각해
　 보자.

○ 자신이 통제할 수 있는 것을
　 모두 적어보자.

○ 오늘 행동으로 옮길 것은
　 무엇인가?

내 영향력의 원은 커지고 있는가, 아니면 줄어들고 있는가?

영향력의 원은 직접 영향을 미칠 수 있는 것들을 포함한다. 영향력의 원에 집중하면 지식과 경험이 확장된다. 그 결과 영향력의 원이 더욱 커진다.

주도적인 사람들은 자신의 노력을 영향력의 원에 집중한다. 그들의 에너지는 긍정적이고 점점 더 커지고 넓어진다.

주도적인 날
보내기

Have a Proactive Day

○ 자신이 반사적으로 되어간다고
느껴지면 4가지 천부적인 능력
(자기인식, 양심, 독립의지,
상상력) 중 하나를 불러내자.
하루가 끝나기 전까지 4가지
천부적인 능력을 모두
사용해보자.

오늘 내 인생에서, 주도성에 영향을 미칠 수 있는 어떤 일이 일어나고 있는가?

주도적인 사람들은 "자기 삶의 창조적인 힘"을 가지고 있으며, 자신의 길을 선택하고 결과에 책임을 진다. 반사적인 사람들은 자신을 희생자로 본다.

모든 인간은 자기인식, 양심, 독립의지, 창조적인 상상력이라는 4가지 능력을 타고난다. 이것은 우리에게 선택할 수 있는 힘이라는 궁극적인 자유를 제공한다.

끝을 생각하며

Begin With the End in Mind

시작하라

사명, 핵심 가치, 그리고 인생의 목표를 명확히 하라.
인생에 대한 자신의 비전을 바탕으로 살아가라.

결과를 예상하며 행동하기 ⑪

Define Outcomes Before You Act

○ 오늘의 일정 중에서 개인적인
  것 하나와 직업적인 것 하나를
  선택하라. 각각 예상되는 최종
  결과를 적어보라.

마음속에 일이 어떻게 끝날지 명확한 모습을 그리며 시작하면, 결과가 어떻게 달라지겠는가?

모든 것은 두 번 창조된다. 첫 번째는 정신적 창조이고 두 번째는 실제적 창조다. 행동하기 전에 달성하고자 하는 것에 대한 명확한 아이디어를 가지고 시작하라.

 열심히 성공의 사다리를 타고 올라갔지만, 그 사다리가 결국 잘못된 벽에 기대어 있음을 발견하는 것은 아주 흔한 일이다.

80세 생일 축하하기

Celebrate Your 80th Birthday

○ 80세 생일 파티를 떠올려보자.
참석자들은 각자 당신에 대해,
또한 당신이 그들의 삶에 끼친
영향에 대해, 무슨 말을 할까?
당신이 듣고 싶은 찬사를 적어
보라.

○ 이번 주에 그것을 실현하기
위해 할 수 있는 일 한 가지는
무엇인가?

어떤 유산을 남기고 싶은가?

효과적으로 산다는 것의 의미는, 가장 중요한 관계와 책임에서 당신이 남기고 싶은 유산을 정의하는 데 시간을 할애한다는 것이다.

스티븐 코비의 말 우리 각자의 내면 깊은 곳에는 정말로 소중한 사람이 되어, 세상을 변화시키며 공헌하는 위대한 삶을 살고자 하는 열망이 있다.

'자기 사명서' 작성하기

Refine Your Mission Statement

○ 개인 사명 선언서를 작성하거나
  다듬을 때 다음을 확인하라.

• 원칙에 기반하고 있는가?
• 당신에게 가장 중요한 것을
  분명히 하는가?
• 삶의 방향과 목적을
  제시하는가?
• 당신이 지닌 최고의 가치가
  드러나는가?

내 미래의 강력한 비전은 무엇인가?

자기 사명서는 당신의 핵심 가치와 우선순위를
명확히 한다. 자기 사명서는 인생의 마지막 모
습이다. 다른 사람이나 상황에 휘둘리지 않고
스스로 자신의 미래를 만들어갈 수 있다.

**자기 사명서는 여러분이 누구인지에 대한 변함없
는 깨우침을 준다.**

관계
재검토하기

Rethink a Relationship

○ 시간을 내 중요한 사람들과의
　마지막 모습을 생각해보고
　적어보라.

○ 그 마지막 모습을 실현하기
　위한 작은 일을 오늘 실천하라.

자신에게 질문하기 이번 주에 나에게 가장 중요한 관계를 개선하기 위해 무엇을 할 수 있는가?

효율성에 집중하면, 우리에게 정말 중요한 사람들을 간과하기 쉽다. 그러나 진정한 효과성은 우리가 다른 사람들에게 미치는 영향에서 비롯된다.

스티븐 코비의 말 우리에게 정말로 중요한 것이 무엇인지 안다면 우리의 삶은 얼마나 달라질 것인가?

자기 사명서
공유하기

Share Your Mission Statement

○ 오늘 신뢰할 수 있는 친구나
　가족에게 자기 서명서를
　공유하라. 자기 서명서를
　다듬을 수 있게 도와달라고
　부탁하라.

내 인생에서, 나의 자기 사명서의 내용에 가장 크게 영향받을 사람은 누구인가?

당신의 자기 서명서가 오직 당신만을 위한 것은 아니다. 당신이 사랑하는 사람들도 당신의 목표, 핵심 가치, 비전을 알게 됨으로써 혜택을 누릴 수 있다.

 우리의 인생 사명은 발명하는 것이 아니라 발견하는 것이다.

역할 사이에서 균형 잡기

Balance Your Roles

○ 평소 소홀히 하기 쉬운 중요한
  역할들을 적어보라.
  (예: 파트너, 전문가, 부모,
  이웃 등)

○ 그 역할에 더 충실하기 위해
  오늘 무엇을 할 수 있는가?

자신에게 질문하기 하나의 역할에 몰두하면서 다른 역할을 소홀히 하고 있지는 않은가?

삶의 핵심 역할을 충실히 완수하기 위해, 우리는 종종 업무와 관련된 중요한 역할 하나에 지나치게 집중해 균형을 잃어버린다.

스티븐 코비의 말 더 효과적으로 살기 위해 업무에 지나치게 집중하면 한 가지 큰 문제를 직면하게 된다. 균형 감각을 잃고 삶에서 가장 소중한 관계에 소홀해지는 것이다.

소중한 것을

Put First Things First

먼저
하라

활동들의 우선순위를 정하고 가장 중요한 일에 초점을
맞춰라. 급하지 않지만 더 중요한 일(제2사분면)에
시간을 더 많이 할애하라.

3 ^{습관}

목표
정하기

Set a Goal

17

○ 이미 세운 목표를 생각하거나
　새로운 목표를 정해보라.
　그 목표를 달성했다고 상상해
　보라. 성공은 어떤 모습인가?

○ 플래너를 펴고 목표 달성을
　위해 추진해야 할 활동들을
　써넣어라.

**정기적으로 수행한다면 내 삶에 엄청나게 긍정적
인 영향을 미칠 수 있는 것 한 가지는 무엇인가?**

당신의 목표는 당신의 가장 깊은 내면의 가치,
독특한 재능, 그리고 사명감을 반영해야 한다.
효과적인 목표는 일상에서 의미와 목적을 일깨
워주면서 매일의 활동에 스며든다.

**행복은 '궁극적으로' 원하는 것을 위해 '지금' 우
리가 원하는 것을 희생하고자 하는 소망과 능력
의 열매다.**

효과적인
시간 관리

Use Your Time Well

○ 하루를 시작할 때, 시간관리
  매트릭스로 각 사분면에 시간을
  얼마나 소요할지 추정해보자.

○ 하루가 끝날 때, 각 사분면에서
  실제로 보낸 시간을 기록하라.

○ 자신이 보낸 시간에
  만족하는가? 개선할
  점은 없는가?

18

내가 대부분의 시간을 보내는 사분면은 어디인
가? 그 결과는 어떠한가? 시간관리 매트릭스는
중요도와 긴급도에 따라 활동을 정의한다.

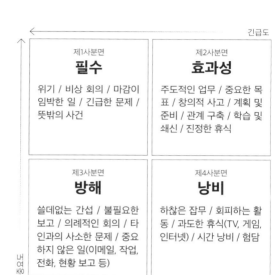

제1사분면
필수
위기 / 비상 회의 / 마감이 임박한 일 / 긴급한 문제 / 뜻밖의 사건

제2사분면
효과성
주도적인 업무 / 중요한 목표 / 창의적 사고 / 계획 및 준비 / 관계 구축 / 학습 및 쇄신 / 진정한 휴식

제3사분면
방해
쓸데없는 간섭 / 불필요한 보고 / 의례적인 회의 / 타인과의 사소한 문제 / 중요하지 않은 일(이메일, 작업, 전화, 현황 보고 등)

제4사분면
낭비
하찮은 잡무 / 회피하는 활동 / 과도한 휴식(TV, 게임, 인터넷) / 시간 낭비 / 험담

 스티븐
코비의
말

핵심은 일정표에 있는 일의 우선순위를 정하는
것이 아니라, 우선순위 높은 일을 일정표에 반영
하는 것이다.

긴급하고 중요한 일

Prepare for Quadrant 1

○ 제1사분면 활동 중 최근
   긴급했던 일 하나를 골라보자.

○ 앞으로 그 일이 다시 발생하지
   않도록 예방할 방법을
   브레인스토밍하라.

자신에게 질문하기 **준비만 잘했다면 얼마나 많은 위기 상황을 예방할 수 있었을까?**

제1사분면에 속한 것들은 긴급하면서도 중요해 즉각적인 주의가 필요한 사안들이다. 우리는 모두 어느 정도의 제1사분면 활동을 경험하지만, 어떤 사람들은 제1사분면 활동에만 인생을 소비한다.

 스티븐 코비의 말 **우리 대부분은 긴급한 일에 너무 많은 시간을 사용하고, 중요한 일에는 시간을 들이지 않는다.**

급하지 않지만 더 중요한 일

Live in Quadrant 2

○ 삶에 중대한 영향을 미칠 수
  있는 제2사분면 활동을
  선택하라.

○ 이번 주 일정을 계획하면서
  그 일을 할 시간을 배분하라.

반드시 해야 할 제2사분면 활동은 무엇인가?

우리가 매우 효과적일 때, 우리는 대부분의 시간을 제2사분면에서 다음과 같은 일을 하며 보낸다.

- 주도적인 업무
- 중요한 목표
- 창의적 사고
- 계획 및 준비
- 관계 구축
- 쇄신 및 휴식

중요한 것은 중요한 것을 계속 중요하도록 유지하는 것이다.

주간 계획
세우기

Plan Your Week

○ 20~30분 동안 계획 수립에
   집중할 수 있는 조용한 공간을
   찾아라.

○ 계획을 사명, 역할 및 목표와
   연결하라.

○ 각 역할에서 한두 개의 큰 돌을
   선택하고 일정을 정하라.

○ 큰 돌 주위에 업무, 약속, 활동
   등 나머지 일들을 배치하라.

**이번 주에 내가 맡은 각 역할에서 수행할 수 있는
가장 중요한 일 한두 가지는 무엇인가?**

효과적인 사람들은 매주가 시작되기 전에 혼자
만의 시간을 내 주간 계획을 세운다. 목표, 역할
및 제2사분면 활동들이 '큰 돌'이 된다. 이것들
을 먼저 계획에 반영하고, 덜 중요한 '작은 돌'들
은 그 주변에 배치하라.

**누가 내게 삶의 균형을 유지하고 생산성을 높일
수 있는 행동을 딱 하나만 꼽아보라고 한다면 이
렇게 말하겠다. "새로운 한 주가 시작될 때마다
주간 계획을 세워라."**

선택의 순간에 충실하기 ㉒

Stay True in the Moment of Choice

○ 사명, 역할, 목표에 충실한
   선택을 내리기 어려웠던 상황을
   생각해보자.

○ 그 순간에도 제2사분면에 있는
   우선순위 높은 일을 달성하기
   위해 사용할 수 있는 방법을
   알아보자.

큰 돌을 먼저 넣지 못하게 방해하는 것은 무엇인가? 압력에 굴복하고 내 진정한 우선순위를 소홀히 할 때 어떤 느낌이 드는가?

우리가 제2사분면의 우선순위와 순간적인 압박 사이에서 선택의 순간을 맞을 때 우리의 성품이 드러난다. 선택을 사명, 역할 및 목표와 일치시킬 때 우리는 효과적인 사람이 된다.

한 주를 보낼 때 '긴급하지만 중요하지 않은 일' 때문에 '긴급하지 않지만 중요한 일'을 못할 수 있다. 독립의지를 가지고 진정으로 중요한 활동에 성실하게 임하라.

중요하지 않은 것 제거하기

(23)

Eliminate the Unimportant

○ 당신의 시간 도둑과 주의를
  분산시키는 활동을 적어보자.

○ 시간 낭비의 주범을 동그라미로
  표시하라.

○ 오늘 그것을 제거하거나
  그 영향력을 줄일 수 있는 일을
  하라.

제3사분면과 제4사분면에서 얼마나 많은 시간을 뺏기고 있는가? 그곳에 머물면서 어떤 대가를 치르고 있는가?

제3사분면과 제4사분면은 시간 도둑이다. 거기에 속한 일들은 아무런 보상 없이 당신의 시간을 훔친다.

우리는 무엇이 우선순위가 가장 높은지 결정한 다음 다른 것들에 대해서는 유쾌하게, 미안해하지 않으면서 '못 한다'라고 말할 용기도 가져야 한다. 그런 용기는 '우선순위가 높은 것부터 하겠다'는 내면의 강한 결심에서 나온다.

약속
지키기

Keep your Commitments

○ 진척 없는 중요한 목표를
　 생각해보라.

○ 목표를 달성하기 위해 취할 수
　 있는 가장 작은 행동을
　 생각해보라.

○ 무슨 일이 있어도 그 약속을
　 지켜라. 다음 주에는 그보다
　 약간 더 큰 목표를 정하라.

나는 자신에게 한 약속을 지킬 것이라고 스스로 믿는가?

목표는 대부분 도전적이다. 그렇지 않았으면 우리는 이미 그 목표를 달성했을 것이다! 진정으로 달성하고 싶은 목표가 있는데도 계속 미루고 실행하지 못하면, 자신에게 실망하고 만다.

자신에게 작은 약속을 하고 그것을 꼭 지키자. 그런 다음 점차 더 큰 것을 약속한다. 결국, 당신의 명예에 대한 감각이 당신의 감정보다 더 중요해질 것이다.

개인의
승리에서

Private Victory to Public

대인
관계의
승리로

전
환

Victory

감정은행계좌 만들기

Build Your Emotional Bank Accounts

○ 훼손된 것 같은 중요한 관계를
   적어라.

○ 당신이 할 수 있는 3가지
   예입을 적어라.

○ 절대 하지 말아야 3가지 인출을
   적어라.

나는 내 인생에서 중요한 사람들의 어떤 행동이 예입이고 인출인지 알고 있는가?

감정은행계좌는 관계에 존재하는 신뢰의 양을 설명하는 은유적 표현이다. 예입은 신뢰를 쌓거나 회복시킨다. 인출은 신뢰를 무너뜨린다.

인간관계에서는 작은 일들이 큰일이 된다.

사과하기

Apologize

○ 당신이 잘못한 사람에게
   사과하라. 틀어진 관계를
   회복하기 위해 할 수 있는 일은
   무엇일까?

내가 사과해야 할 사람은 누구인가?

실수했거나 누군가를 마음 상하게 했을 때 미안하다고 말하면 인출된 감정은행계좌를 신속하게 복구할 수 있다. 사과할 용기가 필요하다.

스티븐 코비의 말 **깨진 관계를 재건하기 위해서는 우리 자신의 책임이나 잘못은 없었는지를 먼저 살펴봐야 한다.**

용서하기

Forgive

27

○ 당신이 상처받았고 여전히
   힘들다면, 당신에게 잘못한
   상대방도 당신과 똑같은 약점을
   가지고 있음을 알아야 한다.

○ 그 사람을 용서하라.

다른 사람의 말이나 행동 때문에 마음의 짐을 짊어진 채 살고 있지는 않은가?

우리는 모두 언젠가 누군가의 생각 없는 말이나 행동에 상처받는다.

 문제가 '저 밖에' 있다고 생각한다면, 바로 그 생각이 문제다.

승-승을

Think Win-Win

생각하라

모든 사람이 이길 수 있다고 마음먹으면,
다른 사람이 성공해도 기쁘다.

승-승
생각하기

28

Consider Other People's Wins as Well as Your Own

○ 승-승 사고의 혜택을 누릴 수
   있는 중요한 인간관계를
   선택하라.

○ 당신의 승과 상대방의 승을
   모두 적어보라. 그들이
   생각하는 승이 무엇인지
   모르겠다면? 직접 물어보라.

어떤 인간관계에서 승-승을 생각할 가능성이 적은가? 상대방의 승리를 고려해주면 나에게 어떤 이익이 있을까?

다른 사람들의 승을 자신의 것과 동등하게 소중히 여길 때 우리는 효과적인 사람이 된다. 시간을 들여 우리의 승과 상대의 승을 모두 확인해야 한다.

승-승은 기술이 아니다. 인간의 상호작용에 관한 총체적 철학이다. 모든 대인관계에서 서로의 이익을 추구하는 사고방식이다. '나도 이기고 상대방도 이기는' 승-승 사고는 인생을 경쟁이 아닌 협력의 장으로 보는 데서 나온다.

부족의 심리 벗어나기

Avoid the Scarcity Mentality

○ 부족의 심리가 발동하는 삶의 영역을 적어보자. 사랑이나 돈, 관심 또는 자원이 골고루 나눌 만큼 충분하지 않다고 생각하는 영역이 있는가?

○ 이 부족의 심리가 어디에서 왔는지 생각해보라.

부족의 심리 때문에 최상의 성과를 달성하지 못할 때는 언제인가?

부족의 심리는 더 큰 승을 위해 다른 사람들과 협력하는 대신 서로 비교하고 경쟁하며 위협감을 느끼게 한다.

스티븐 코비의 말 사람들은 대개 부족의 심리에 깊이 물들어 있다. 세상에 존재하는 파이가 오직 하나뿐이어서, 누군가가 큰 조각을 가져가면 나머지 사람들의 몫이 줄어든다고 생각한다.

풍요의
심리 기르기

30

Cultivate an Abundance Mentality

○ 더 풍요롭게 생각하기 위해
무엇을 할 수 있는지 적어보라.
(예: 자신과 다른 사람들의
강점을 축하하기, 비교하지
않기, 자원을 공유하기)

나는 진정으로 모든 사람이 필요한 것 이상으로 충분히 갖고 있다고 믿는가?

우리가 풍요의 심리를 가진다면 우리 자신의 자긍심이 충만하므로 다른 사람의 성공에 위협받지 않는다.

스티븐 코비의 말 풍요의 심리는 개인의 내면 깊숙이 있는 가치 의식과 안정감에서 나온다. 세상은 풍요로우며 모든 사람이 나누고도 남을 만큼 모든 것이 충분하다고 생각하는 패러다임이다.

용기 내며 배려하기

31

Balance Courage and Consideration

○ 용기를 내 해결하고 싶은
   문제를 선택하고 그에 대한
   당신의 관점을 적어보라.
   자신감을 가지고 당신의
   아이디어와 의견을 공유하라.

○ 더 많이 배려해야 하는 상황을
   선택하라. 방해하는 대신
   상대방을 인정하라. 모든
   사람에게 발언 기회를 확실하게
   주어라.

용기나 배려가 부족한 인간관계가 있는가? 어떤 대가를 치르고 있는가?

매우 효과적인 사람이 된다는 것은 용기 있는 사람이 된다는 의미다. 우리는 기꺼이 우리의 생각을 정중하게 말할 수 있다. 그것은 또한 배려하는 사람이 된다는 의미다. 우리는 다른 사람의 생각과 감정을 존중하는 마음으로 찾아내고 경청할 의지와 능력이 있다.

스티븐 코비의 말 다른 사람의 감정과 신념을 배려하면서 자기의 감정과 신념을 용기 있게 표현할 때 사람은 성숙해진다. 특히 두 당사자 모두에게 매우 중요한 문제를 다룰 때 더욱 그렇다.

승-승 합의서 만들기

Make a Win-Win Agreement

○ 승-승 합의서로 혜택을 누릴 수 있는 관계를 선택하라. 상대방에게 승이 되는 것을 생각해 보거나, 물어본 다음 적어라. 나 자신의 승도 적어보라.

○ 승-승 합의서를 작성하라.

다른 사람들과 협상할 때 내 의도는 무엇인가?
승-승을 생각하기 위해 최선을 다하고 있는가?

승-승 합의서에서, 사람들은 양 당사자에게 이익을 주기 위해 노력한다. 승-승 합의서는 공식적일 수도 있고 비공식적일 수 있으며 어떤 관계나 상황에서도 만들어낼 수 있다.

합의 내용을 글로 적지 않아도 된다. 합의는 정신적으로 이를 뒷받침해주는 성품이나 인간관계가 없으면 아무 소용이 없다. 우리는 인간관계에 투자하고자 하는 진심에서 우러난 바람을 가지고 승-승의 해결책에 접근해야 한다.

아낌없이 칭찬하기

Give Credit

33

○ 신뢰받을 자격이 있는 일을
   해냈거나, 당신의 성취를
   도와준 사람을 찾아보라.
   개인적이든 공개적이든 그
   사람의 기여를 인정해주어라.

자신에게 질문하기 최근 내가 무언가를 성취하는 데 도움을 준 사람은 누구인가? 나는 그들에게 감사를 표했는가?

많은 사람을 공적으로 또는 사적으로 인정해주면 큰 '승'이 된다. 믿음을 아낌없이 줄 때 신뢰를 구축하고 관계를 강화할 수 있다.

해리 트루먼의 말 누가 신용을 얻는지가 중요하지 않을 때, 당신은 실로 놀라운 것들을 성취할 수 있다.

먼저
이해하고

Seek First to Understand,

다음에 이해 시켜라

공감적 경청
연습하기

Practice Empathic Listening

○ 이해를 위한 경청을 오늘 연습
하라.

○ 다른 사람의 감정과 메시지의
내용을 반영하도록 노력하라.
갑자기 끼어들거나 충고하거나
판단하려 하지는 않는지 자신을
돌아보라.

내 주변 사람들은 내가 진정으로 그들을 이해한 다고 느끼는가?

공감적 경청은 우리가 동의하든 동의하지 않든, 상대방에게 중요한 것의 핵심에 도달하는 것을 의미한다. 공감적으로 경청할 때, 우리는 이해 하려는 의도로 귀를 기울인다. 우리는 상대방의 감정과 말을 반영해 응답한다.

스티븐 코비의 말 **육체적 생존 다음으로 인간에게 가장 큰 욕구는 심리적 생존이다. 인간은 누구나 이해받고 신뢰 받고 인정받으며 존경받기를 원한다.**

마음 열기

Open Your Heart

○ 단순히 "어떻게 지내?"라고
안부만 묻고 경청하지 않은
사람이 있는가? 마음을 열고
공감적 경청을 실천하라.
그 효과에 깜짝 놀랄 것이다.

자신에게 질문하기 **나는 내가 사랑하는 사람들의 말을 진정으로 듣고 있는가?**

감정이 격해지면 당신의 의도에 집중하라. 올바른 응답이 무엇인지 걱정하지 마라.

 스티븐 코비의 말 **상대방의 관점에서 진심으로 경청하고 자신이 이해한 내용을 상대방에게 알려주면, 마치 감정에 산소를 불어 넣는 것과 같다.**

'자서전적 반응' 피하기

36

Avoid Autobiographical Listening

○ 누군가가 이해와 존경으로
  당신의 말을 경청해준 때를
  생각해보라. 기분이 어땠는가?

_____

_____

_____

_____

_____

_____

_____

_____

_____

_____

_____

상대방을 이해하려는 의도가 아니라 상대방에게 대답하려는 의도로 경청하지는 않았는가?

자서전적 반응은 다른 사람들이 말하는 것을 자신의 이야기로 '필터링'하는 것이다. 말하는 사람에게 집중하기보다는 자신의 관점을 밝힐 때만을 기다리는 태도다.

아메리카 원주민 속담 **잘 들어라, 그러지 않으면 네 혀로 인해 영영 소리를 듣지 못하게 될 것이다.**

나를
이해시키기

Seek to Be Understood

○ 발표를 하거나 메시지를
  설득력 있게 전달해야 하는
  상황을 떠올려보라.

○ 듣는 사람의 관점을 먼저
  이해해야 함을 잊지 말라.

○ 용기와 배려를 가지고 자신의
  의견을 그들에게 전달하기 위해
  연습하라.

**내가 상대방을 이해하고 있다는 것을 그 사람도
알도록 말하는가? 내 관점을 명확하게 공유하고
있는가?**

상대방에게 이해받는 것은 효과적인 의사소통
의 후반부다. 상대방이 먼저 자신이 확실히 이
해받았다고 느끼면, 이제 우리도 상대를 존중하
면서 우리 관점을 명료하게 전달할 수 있다.

**스티븐
코비의
말** **상대방의 패러다임과 관심에 대한 깊은 이해를
바탕으로 자기 아이디어를 명확하게 설명하면,
그 아이디어의 신빙성을 높일 수 있다.**

디지털 세계에서의 공감적 소통

Bring Empathic Communication to the Digital World

○ 디지털로 소통하면서 감정이 격해지면 다음 중 하나를 활용해보라.

• 바로 답신하지 않고 상대방이 생각을 다 밝힐 때까지 기다리기

• 자신의 감정과 말을 표현하기 전에, 상대방의 감정과 말을 먼저 메시지에 반영하기

• 당신의 의도를 구체적으로 분명히 밝히기

자신에게 질문하기 **문자, 전화 및 이메일 대화 중에 어떻게 공감적 경청을 할 수 있을까?**

디지털 세계에서 효과적으로 의사소통하기 위해 필요한 의도와 기술은 대면 커뮤니케이션에 사용되는 것과 동일하다. 매체를 통해 의도를 알아차리고 전달하는 과정에서 문제가 발생하기 쉽다.

 스티븐 코비의 말 **공감은 인간 의사소통의 가장 빠른 형태다.**

시너지를

Synergize

내
라

6 습
관

차이점을 가치 있게 여기고 축하하라. 지금까지
혼자 얻은 결과보다 더 많은 것을 성취할 것이다.

차이로부터 배우기

Learn from Differences

○ 관심 있는 정치적·사회적
　문제를 선택하라.

○ 개인적인 견해는 일단 접어
　두라.

○ 몇 사람을 찾아 그들의 견해를
　알아보고, 그들을 이해하기
　위해 경청하라.

○ 이 연습에서 얻은 새로운
　관점을 3가지 이상 적어보라.

나와 의견이 다른 사람들에게 무엇을 배울 수 있는가?

우리는 다른 사람들의 경험, 관점, 지혜로부터 엄청나게 성장할 기회를 얻는다. 차이는 갈등이 아닌 학습의 원천이 될 수 있다.

스티븐 코비의 말

불안정한 사람들은 다른 사람에게 자신의 사고방식을 주입하려 한다. 그들은 인간관계의 강점이 다른 관점을 접하는 데 있음을 깨닫지 못한다. 동일성은 창의적이지 않을뿐더러 지루하다.

시너지로
문제 해결하기

Solve a Problem with Synergy

○ 직면한 문제에 관해 이야기할
   사람 또는 그룹을 찾아보라.

○ "제가 아직 생각하지 못했던
   아이디어를 낼 수 있게 도와
   주시겠습니까?"라고 요청하라.

○ 몇 분 동안 브레인스토밍하라.
   어떤 아이디어를 활용할 수
   있겠는가?

혼자서 극복하기 어려운 문제가 무엇인가?

모든 답을 혼자서 찾아낼 필요는 없다. 문제를 해결할 때, 시너지를 통해 혼자서는 결코 생각해낼 수 없었던 아이디어를 끌어낼 수 있다.

헬렌 켈러의 말 **혼자서 할 수 있는 일은 아주 적지만, 함께하면 많은 것을 할 수 있다.**

제3의
대안 찾기

Seek 3rd Alternatives

○ 다가오는 회의에서, 시너지가
  발생하는지 혹은 발생하지
  않는지 관찰해보라.

○ 시너지 효과가 도움이 될
  문제를 생각해보라. 제3의
  대안을 찾아서 그 문제에
  적용해보자.

나는 언제 타협해버리는가? 언제 시너지 효과를 경험하는가? 둘 사이의 차이점은 무엇인가?

시너지 효과는 제3의 대안을 모색하겠다는 의지에 달려 있다. 그냥 '나의 방법' 또는 '너의 방법'보다 더 높은, 더 좋은 방법이다. 누구도 혼자서는 생각해낼 수 없던 방법이다.

시너지란 무엇인가? 간단히 정의하면 전체가 부분의 합보다 크다는 것을 의미한다. 시너지 효과는 1 더하기 1이 10 또는 100 또는 1,000이 될 수 있다는 의미다!

차이점을
가치 있게
여기기

Value Differences

○ 의견이 다른 사람을 떠올리고,
   그들의 강점을 적어보라.

○ 그 사람이 당신에게 동의하지
   않을 때는 이렇게 말해보라.
   "아주 좋아요! 세상을 저와
   다르게 보시는군요! 그래서
   당신의 의견을 들어보고
   싶습니다."

함께 일하고 살아가는 사람들의 독특한 강점을 알고 있는가? 차이를 소중히 여기기보다 그저 참고 견디는 관계가 있는가?

시너지 효과의 바탕은 차이점을 가치 있게 여기는 것이다. 우리는 상대를 거부하거나 단지 수용하기보다는 차이를 소중히 여기고 받아들일 때 효과적인 사람이 된다. 우리는 다른 사람과의 차이점을 약점이 아니라 강점으로 본다.

스티븐 코비의 말 **시너지의 본질은 차이를 가치 있게 여겨, 상대방을 존중하고 강점을 구축하며 약점을 보완하는 것이다.**

차이점에 대한 개방도 평가하기

Rate Your Openness to Differences

○ 나이, 정치 성향, 스타일 등
　인간관계에서 나타나는 몇 가지
　차이점을 적어보자.

○ 차이점을 더 가치 있게 여기기
　위해 할 수 있는 일을 적어보자.

**나는 차이점으로부터 배우는 것에 대하여 마음이
열려 있는가?**

우리는 종종, 자신은 객관적이지만 다른 사람들
은 그렇지 않다는 생각을 패러다임 삼는다. 하
지만 효과성을 위해 우리의 인식에 한계가 있음
을 겸손하게 인정해야 한다.

**스티븐
코비의
말** **차이를 소중히 여기는 것의 핵심은 모든 사람이
세상을 '있는 그대로' 보기보다 '자신이 경험한
대로' 본다는 사실을 깨닫는 것이다.**

함께 장애물 극복하기

Take Down Barriers

○ 진행 중인 목표를 생각해보라.

○ 어떤 장애물을 마주했는가?

○ 도움이 될 만한 사람을 찾아서
  이 장애물을 극복할 방법을
  브레인스토밍하라.

현재 혼자서 극복하기 힘든 장애물은 무엇인가?

시너지 효과를 내겠다는 의지를 가지고 문제에
접근하면, 도전을 극복할 새로운 방법을 찾을
수 있다.

**시너지 효과를 내면 우리를 방해하는 힘을 약화
할 수 있으며 새로운 통찰력이 생긴다.**

타인의 강점 활용하기

Leverage the Strengths of Others

○ 가장 가까운 친구, 가족, 동료를
  적어본다.

○ 각각의 이름 옆에 그들의
  강점을 적어본다.

○ 그들의 어떤 강점이, 당신이
  현재 직면한 어려움을 해결해줄
  수 있을까?

자신에게 질문하기

내 인생에서 다른 사람들의 강점을 더 잘 활용하기 위해 무엇을 할 수 있는가?

우리는 다른 사람들의 강점에 둘러싸여 있지만, 그것들을 잘 활용하지 않는다.

스티븐 코비의 말

자신의 경험에만 의존하면, 우리는 늘 정보가 부족해서 허덕이게 될 것이다.

끊임없이

Sharpen the Saw

쇄신하라

신체, 정신, 영혼, 사회성·감정.
4가지 차원의 배터리를 모두 끊임없이 재충전하라.

'매일의 개인적 승리' 루틴 만들기

Achieve the Daily Private Victory

○ 매일 자신을 쇄신하는 나만의 루틴을 적어보라. 어느 부분을 더 개선할 수 있는가?

○ 다음 주간 계획을 짤 때 쇄신을 위한 시간을 확보하라.

나는 매일 신체와 정신, 감정과 영혼을 새롭게 하는 데 시간을 보내고 있는가?

'매일의 개인적 승리'는 날마다 신체, 정신, 감정 및 영혼을 쇄신하기 위한 반복적인 행위(루틴)를 뜻한다. 이 시간은 7가지 습관 모두를 개발하는 핵심이다.

 개인적 승리를 위해 하루 한 시간씩 투자하는 것은 무엇보다 중요하다. 모든 의사결정과 대인관계에 영향이 미칠 것이며, 다른 일과에 투입하는 시간의 질과 효과성이 크게 높아질 것이다.

신체 단련하기

Strengthen Your Body

○ 이번 주에 신체 능력을 증진할
　방법을 한 가지 선택하라.

• 취침 시간 알람 설정하기
• 나에게 도전이 될 활동을
　한 가지 찾아보기
• 운동 루틴에 새로운 요소를
　추가하기(예: 지구력, 유연성,
　또는 근력 운동)

나의 힘과 회복 탄력성을 향상할 방법 한 가지는 무엇인가?

신체적 쇄신은 건강한 식단, 충분한 휴식 및 규칙적인 운동으로 신체를 돌보는 것이다.

스티븐 코비의 말 우리 대부분은 시간이 부족해서 운동을 못 한다고 생각한다. 얼마나 잘못된 패러다임인가! 우리는 운동할 시간이 없는 것이 아니라 다른 것에 시간을 낭비하고 있는 것이다.

영혼
새롭게 하기

Renew Your Spirit

○ 이번 주에 영적 능력을
증진하기 위해 할 일 한 가지를
선택하라.

- 자기 사명서 다듬기
- 자연에서 시간 보내기
- 음악을 듣거나 작곡하기
- 지역 사회에 봉사하기

나의 가치관은 중심이 잡혀 있는가?

영혼은 삶의 매우 사적이면서 대단히 중요한 영역이다. 그것은 당신에게 영감을 주고, 당신이 향상하는 원천이 된다.

 영적 차원은 우리의 핵심이자 중심이며 가치 체계에 대한 헌신이다.

정신
가다듬기

Sharpen Your Mind

49

○ 이번 주에 정신적 역량을 증진
할 방법을 한 가지 선택하라.

- 일기 쓰기
- 고전 읽기
- 취미 만들기

정신적으로 상쾌하게 한 주를 시작하는가?

학교를 떠나면 많은 사람이 정신이 위축된 채로 살아간다. 그러나 학습은 정신적 쇄신에 필수적이다.

 스티븐 코비의 말 **좋은 문학 작품을 읽는 것은 정보를 얻고 마음을 넓히는 가장 좋은 습관이다.**

감정
개발하기

Develop Your Heart

○ 이번 주에 사회적·감정적 능력
을 증진할 방법을 한 가지 선택
하라.

- 친구를 저녁 식사에 초대하기
- 누군가를 용서하기
- 연락이 끊어진 친구에게
문자나 이메일 보내기

이번 주에 누구와 연결할 수 있는가?

반드시 그런 것은 아니지만, 우리의 감정적 삶
은 다른 사람들과의 관계를 통해 발전한다.

 **다른 사람의 영혼과 접촉할 때면 성지를 걸을 때
처럼 경외심을 느끼게 된다.**

자기만의
시간 갖기

Take Time for Yourself

○ 오늘 자신만을 위해 30분 정도
시간을 내라. 스트레스를 날려
버릴 방법을 찾아서 실천해
보라.

자신에게 질문하기

긴급한 일이 쇄신의 시간을 갉아먹고 있는가?

쇄신은 제2사분면 활동이다. 우리는 이를 실현하도록 주도해야 한다.

스티븐 코비의 말

자신에 대한 투자는 우리가 인생에서 할 수 있는 가장 훌륭한 투자다.

기술
활용하기

Tame Your Technology

○ 기술 때문에 발생하는 산만함을
  줄일 수 있는 일 한 가지를 오늘
  실행하라.

- 알람 <u>끄기</u>
- 하루에 한 번만 SNS 확인하기
- 전자기기가 대화를 방해하지
  않도록 방침 정하기
- '큰 돌' 시간에는 전자기기
  꺼두기

자신에게 질문하기 가장 중요한 목표와 인간관계를 희생하는 대가로 기술을 사용하고 있지는 않은가?

전자기기를 옆에 두면 긴급한 일이 끊임없이 생겨난다. 우리는 모든 메시지에 답하면서 자신이 생산적이라 생각하지만, 사실은 단순히 산만할 뿐이다.

스티븐 코비의 말 놀라운 현대 기술을 통해 시간을 더 잘 관리하고, 더 많이 일하고, 더 효과적인 사람이 되려고 부단히 노력하고 있다. 그런데도 왜 우리는 중요하지 않은 일에 그토록 몰두할까?

특별 보너스

Special Bonus

사명서 작성 마법사
Mission Statement Builder

 자신에게 무엇이 진정으로 중요한지 알고, 마음 속에 최종 목표를 선명하게 그리고, 그렇게 살기 위해 매일 자기 관리를 하고, 가장 소중한 것에 집중한다면, 우리 삶은 얼마나 달라질까?

이 책에 추가할 특별 보너스를 구상하면서 무엇이 독자와 그들의 미래에 가장 큰 영향을 미칠지 저 자신에게 물었습니다. 그러자 제 동료 애니가 들려준 이야기가 떠올랐습니다.

몇 년 동안 지역의 대학교에서 '7가지 습관'을 가르쳤습니다. 젊은 학생뿐 아니라 나이가 든 조금 특별한 학생들에게 습관의 힘, 목표, 원칙을 가르치는 경험은 놀라웠습니다. 선생님이자 친구로서 저는 학습 내용과 습관이 학생들에게 미치는 영향이 궁금했습니다. 그들이 이 수업에 정말 집중하는지, 그리고 이 수업을 듣는 것을 시간 낭비라고 생각하지는 않는지 궁금했습니다.

그래서 기말고사에 '쉽게 점수를 얻을 수 있는' 문제를 무작위로 출제했습니다. 학생들에게 공정한 기회를 주고 싶었고, 모든 시험에는 '쉽게 점수를 얻을 수 있는' 문제가 포함되어야 한다고 생각하기 때문입니다. 시험을 스스로 포기하지 않는 한, 누구도 0점을 받아서는 안 된다고 봅니다.

기말고사의 마지막 질문은 "좋아하는 습관은 무엇이며, 그 이유는 무엇인가?"였습니다. 결과는 놀라웠습니다. 압도적인 다수가 '습관 2: 끝을 생각하며 시작하라'를 선택했습니다. 다양한 이유를 관통하는 핵심은 학생 대부분이 자신의 미래를 위한 여정을 처음 계획해보았다는 점이었습니다.

일부 학생은 공부를 하거나 직업을 얻으려고 대학교에 진학하지만, 대다수 학생은 그냥 흘러가는 대로 대학교에 입학했습니다. 우리 대학교 재학생의 약 99퍼센트가 인생의 비전은 물론 삶의 강렬한 목적, 기여, 사명이 없었습니다.

학기가 끝날 때마다 학생들이 한결같이 '마침내 내 삶의 목적과 의미를 알게 됐다'라고 말하는 걸 듣고 정말 놀랐습니다.

저의 경우 어린 시절 인생의 목표를 세웠기 때문에, 많은 학생이 인생의 목표 없이 살아왔다는 사실이 매우 신기했습니다. 제가 어쩌다 왜 목표에 집중하게 되었는지는 몰랐지만, 당연히 다른 사람들도 저처럼 인생의 목표를 세웠으리라고 생각했습니다.

이 경험은 그리 특별하지 않을 수 있습니다. 인생에서 어떤 기여를 하고 싶은지, 삶의 목적이 무엇인지 구체적으로 정의하지 않은 채 살아가는 사람이 많습니다. 이런 이유로, 저는 사람들이 무언가를 할 때 그 일의 의미를 알게 하는 것이 중요하다고 느꼈습니다. 애니처럼 어린 시절에 이미 인생의 목표를 정했다고 해도, 이 활동이 여러분이 궤도에서 벗어나지 않도록 다시 영감을 줄 수 있습니다. 누가 알겠습니까? 기존의 목표가 바뀔 수도 있지 않습니까?

다음 질문들을 즐겁게 읽으면서 스스로 답해보시기 바랍니다.

- ○ 인생의 목적을 정의했는가?
- ○ 다른 사람은 할 수 없거나 하지 않는 것, 즉 나만의 고유한 강점을 알고 있는가?
- ○ 무엇을 하고 싶은가? 혹은 무엇이 되고 싶은가?
- ○ 살아가는 동안 의지하고 싶은 원칙과 가치관은 무엇인가?
- ○ 어떤 유산을 남기고 싶은가?

자기 서명서 작성을 도와주는 이 책의 가르침을 모두 활용해보십시오. 그러면 당신이 될 수 있는 가장 효과적인 사람이 될 수 있습니다. 당신의 효과성은 세상을 바꿀 수 있습니다.

사명서를 작성하거나 검토하는 일은 우리를 변화시킨다. 자신에게 무엇이 가장 중요한지 깊고 조심스럽게 생각하도록 도와주며, 나아가서 생각과 행동을 일치시키기 때문이다. 이러한 모습을 본 사람들은 우리가 외부 영향력에 좌지우지되지 않는 사람이라고 여긴다.

시각화 훈련:
어떤 유산을 남기고
싶은가?

Visualize Your Legacy

자기 서명서를 작성하기 전에, 조용히 혼자 집중할 수 있는 장소를 찾으세요.《성공하는 사람들의 7가지 습관》에서 발췌한 문장과 제가 부탁드리는 내용 외에는 모든 것을 내려놓으세요.

사랑하는 사람의 장례식에 참가하기 위해 가고 있는 자기 모습을 마음속에 상상해보세요. 당신은 걸어가면서 친구들과 가족들을 마주칩니다. 그곳 사람들의 마음속에서 슬픔이 우러나오고 있음을 느낍니다.

그런데 식장 앞으로 가서 관 속을 들여다보는 순간 깜짝 놀랍니다. 당신이 누워 있기 때문입니다. 이곳은 바로 당신의 장례식입니다. 당신을 추모하기 위해 사람들이 이 자리에 모였습니다. 장례식이 시작되기를 기다리는 동안 식순을 들여다봅니다. 조사를 읽을 사람이 네 명입니다.

첫 번째는 가족 대표, 두 번째는 친구 중 한 명, 세 번째는 직장 동료, 그리고 네 번째는 당신이 몸담은 지역 사회에서 온 사람입니다.

자, 이제 한번 깊이 생각해보십시오. 당신은 이 사람들이 당신과 당신 삶에 대해 어떻게 이야기해주기를 바랍니까?

 사람들이 내 장례식에서 나에 대해 어떻게 말하기를 원하는지 곰곰이 생각해보면, 성공에 대해 나만의 정의를 내릴 수 있다.

앞에 나온 장례식 경험을 진지하게 실행해보았다면 자신이 가장 중요하게 여기는 가치관이 무엇인지 깨달았을 것입니다. 내면적 가치 체계와 잠시나마 접촉한 셈입니다.

인생 목표를 확립하고 행동한다는 것은, 우리가 가는 목적지를 정확히 이해하고 출발한다는 의미입니다. 다시 말해서 현재 위치를 더 잘 파악하고 항상 올바른 방향으로 갈 수 있도록 어디로 가는지 알아야 합니다. 이것이 제가 《성공하는 사람들의 7가지 습관》 '습관 2'에서 한 번 언급한 내용입니다.

'습관 2: 끝을 생각하며 시작하라'는 인생의 목적지를 선명하게 그려보라는 의미다. 즉 자신의 가치관과 목표를 정해야 한다. '습관 1'이 운전대를 잡는 것이라면, '습관 2'는 지도를 보고 목적지와 행로를 계획하는 것이다.

자신에게 참으로 중요한 것이 무엇인지를 알고, 이를 항상 유념해 매일 실천한다면 우리의 삶은 크게 달라질 것입니다.

우리는 각자 다양한 분야에서 일하고 있습니다. 책임을 지는 역할과 능력이 다릅니다. 예를 들면 저는 한 개인, 남편, 아버지, 교사, 사업가 등의 역할을 맡고 있습니다. 이런 각각의 역할은 모두 중요합니다.

더 효과적으로 살기 위해 노력할 때 대두되는 중요한 문제 중 하나는 우리가 흔히 크고 깊게 생각하지 못한다는 사실입니다. 그 결과 우리는 효과적인 삶에 필수적인 조화, 균형, 자연 생태계의 원리를 망각합니다. 우리는 일에 너무 빠져서 건강을 해칠 수도 있고 직업적 성공이라는 이름 아래 삶에서 가장 소중한 인간관계를 소홀히 할 수도 있습니다.

사명서에 자신이 인생에서 맡은 구체적인 역할과 성취하고자 하는 목표들로 세분화한다면, 글로 쓴

대로 살아가기가 더 쉬울 것입니다.

자신의 사명을 현재 맡은 주요 역할을 중심으로 작성하면, 균형 있고 조화로운 삶을 영위할 수 있습니다. 나아가서 각 역할의 임무가 명백하게 드러납니다. 역할을 자주 검토해 한 가지 역할에만 치중하는 것을 방지해야 합니다. 이때 배제되는 다른 역할들이 똑같이 중요하거나 때로는 더 중요할 수 있습니다.

자신이 맡은 여러 역할을 먼저 파악해야 각 역할에서 성취하길 원하는 장기적 목표를 찾을 수 있습니다. 우리는 이 단계에서 상상력, 창의력, 양심, 그리고 영감을 얻기 위해 오른쪽 뇌를 활용합니다. 이러한 목표들이 올바른 원칙에 입각한 사명서를 확장한 것이라면, 이는 우리가 평상시에 설정한 목표와는 근본적으로 다를 것입니다. 올바른 원칙 위주의 목표는 자연법칙과 조화를 이룰 것이며, 자연법칙이 목표를 달성하도록 힘을 보태줄 것입니다. 이것은 다른 사람의 목표가 아닌 우리 자신의 목표입니다. 우리의 핵심 가치, 독특한 재능, 사명감을 반영합니다.

나는 우리의 내면에 자신의 독특한 재능과 최적의 공헌 분야를 찾아내도록 도와주는 모니터, 즉 양심이라는 감각이 있다고 생각한다.

효과적인 목표는 행동보다 결과에 초점을 맞춥니다. 여러분이 원하는 목표를 정하고 그곳에 도달하는 과정에서, 우리가 어디쯤 와 있는지를 알려줍니다.

역할과 목표는 자기 사명에 대한 뼈대와 체계적인 방향을 제공합니다. 아직 자기 사명서가 없다면 새 출발을 하기 딱 좋습니다. 인생의 여러 분야를 확인하고, 각 분야에서 꼭 성취하고 2~3가지 주요 결과를 정해보세요. 자기 인생을 바라보는 전반적인 관점과 방향감각이 생길 것입니다.

온라인 자기 사명서를 작성하려면 프랭클린코비사 홈페이지를 방문하세요.

▶ https://msb.franklincovey.com

자, 시작해봅시다.

사명서 작성을 위한 10가지 질문

Mission Statement Questionnaire

1. 성과   나는 언제 최고의 상태가 되는가?

나는 언제 최악의 상태가 되는가?

_____

_____

_____

_____

_____

_____

_____

_____

_____

_____

_____

_____

2. 열정   업무 중에서 가장 좋아하는 일은?

개인적인 시간을 보낼 때 가장 좋아하는 일은?

3. 재능   내가 타고난 재능은?

(예: 미술, 음악, 의사결정, 친구 사귀기 등)

_____

_____

_____

_____

_____

_____

_____

_____

_____

_____

_____

_____

_____

_____

_____

_____

4. 상상력   만약 시간과 자원이 무한하고 절대 실패하지 않는다고 가정해보자. 무엇을 하고 싶은가?

5. 비전

인생이라는 이야기 속 주인공이 되어 모험하고 있다고 상상해보라. 어떤 여정이 펼쳐질까? 무엇을, 누구를 위해, 왜 하고 있을까? 모험의 끝은 어떨까?

6. 성품   80번째 생일 파티를 상상해보라. 당신 곁에는
           누가 있을까? 그들이 당신의 삶에 대해 어떻게
           말해주기를 원하는가?

7. 공헌   가장 중요한 사람들의 미래를 위해 내가 할 수 있는 가장 중요한 공헌은 무엇일까?

8. 양심

머릿속으로 수차례 생각만 하다 포기한 일, 그렇지만 꼭 필요하며 변화를 일으키고 싶은 일이 있는가? 그것은 무엇인가?

_____

_____

_____

_____

_____

_____

_____

_____

_____

_____

_____

_____

_____

_____

_____

_____

_____

9. 영향력   과거 또는 현재 당신에게 가장 큰 영향을 미친 세 사람과 저녁 식사에 함께한다면, 누구를 초대하고 싶은가? 그들에게 본받고 싶은 자질을 적어 보라.

① 이름

본받을 점

② 이름

본받을 점

③ 이름

본받을 점

10. 균형   신체, 정신, 영혼, 사회성·감정 등 4가지 차원의 균형을 살펴보자. 각 영역의 성취와 쇄신을 위해 할 수 있는 가장 중요한 일은 무엇인가?
이 질문에 대한 답이 당신의 삶을 가장 효과적으로 바꾸고 내면의 중심을 잡아줄 것이다.

① 신체적 차원

② 정신적 차원

③ 영적 차원

④ 사회적·감정적 차원

수년에 걸쳐 여러분을 둘러싼 환경은 바뀝니다. 우선순위가 바뀌고 목표와 꿈이 바뀔 것입니다. 그래도 괜찮습니다. 변화는 곧 성장을 의미하기 때문이죠. 성장하고 변화하며 시야를 넓힐 때마다 자기 사명서를 보강하거나 다듬을 수 있습니다.

지금은 우선 사명서 작성 완료를 기념해주세요. 참 잘하셨습니다. 친구들에게 새로 작성한 인생의 목적을 공유해보세요.

다음 단계는 사명서에 따라 사는 법을 배우는 것입니다. 간단할 수도 있지만, 몇 가지 안내가 필요할 수도 있습니다. 당신을 위해 심화 과정을 준비해두었습니다. 프랭클린코비사 홈페이지를 방문해보세요.

▶ www.franklincovey.com/tc/publicworkshops

인생은 여정입니다. 그리고 자기 사명서가 그 여정의 지도임을 잊지 마세요.

영감을 불어넣는
14가지 명언

Inspiring Thoughts on Missions and Goals

1. 사명 선언서는 개인 헌법이며, 확고한 비전과 가치관의 표현이다. 우리가 인생을 살아가면서 모든 것을 판단하는 기준이다.

   스티븐 코비

2. 자신이 어디로 가고 싶은지 모르는 사람을 위해 부는 바람은 없다.

   세네카 (고대 로마의 철학자)

3. 내 인생의 사명은 '서바이브survive'가 아니라 '트라이브thrive'다. 단순한 생존보다 성장과 성공을 원한다. 그러기 위해서 약간의 열정, 약간의 동정심, 약간의 유머, 그리고 약간의 스타일이 필요하다.

   마야 안젤루 (시인·배우)

4. 우리가 주도적이라면 돌발사건들이 우리의 시각을 넓혀줄 때까지 기다릴 필요가 없다. 자신의 노력으로 그러한 상황을 상상할 수 있기 때문이다. 스티븐 코비

5. 자기 삶을 올바르게 이끄는 리더십은 한 번의 경험으로 얻을 수 없다. 자기 사명서를 작성한다고 완성되지도 않는다. 오히려 우리가 설정한 비전과 가치관을 지키고, 그것과 일치하는 삶을 살아가는 지속적인 과정이다. 스티븐 코비

6. 사명에 집중하라. 나빈 자인 (문익스프레스 회장)

7. 지구상에서 당신의 사명이 완수되었는지 테스트하는 방법이 있다. 살아 있다면, 아직 끝나지 않았다. 리처드 바크 (《갈매기의 꿈》 저자)

8. 사명서는 하룻밤 만에 간단히 작성되지 않는다. 사명서는 깊은 성찰과 신중한 분석을 통한 심오한 생각의 표현이며 작성자들은 대부분 완성할 때까지 여러 차례 고쳐 쓴다. 그것이 우리 내면의 중요한 가치와 방향을 완전히 집약했다고 느낄 때까지 몇 주 혹은 몇 달이 걸릴지도 모른다.

스티븐 코비

9. "제가 여기서 어느 길로 가야 할지 좀 알려주실 래요?" 앨리스가 묻자 고양이가 답했다. "네가 어디에 도착하고 싶은지에 달려 있지."
"어디로 가든 상관없어요." 앨리스의 말에 고양이가 대꾸했다. "그럼 아무 길로나 가려무나."

루이스 캐럴,
《이상한 나라의 앨리스》

10. 나는 늘 여성들에게 영감을 받았고, 나의 사명은 여성들에게 영감을 주는 것이었다. 나는 늘 어떤 여성상을 꿈꿨고 패션을 통해 그것을 실현했다. 나에게 패션이란 대화였다. 랩 드레스를 입은 여성들이 자신감 넘치게 활동하는 모습을 보고 싶었다.

다이앤 폰 퍼스텐버그
(패션 디자이너)

11. 자신에게 참으로 중요한 것이 무엇인지 알고, 이
    를 항상 유념해 매일 실천한다면 우리 삶은 하루
    하루 크게 달라질 것이다. **스티븐 코비**

12. 자기 사명서는 뿌리 깊은 나무와 같다. 안정적이
    고 변함없이 그 자리에 있지만, 살아 있고 꾸준
    히 성장한다. **손 코비**

13. 사명이 클수록 영감도 커질 것이다.
    오카와 류호 (영성가)

14. 자기 삶을 올바르게 이끄는 리더십은 한 번의 경
    험으로 얻을 수 없다. 자기 사명서를 작성한다고
    완성되지도 않는다. 이것은 우리가 설정한 비전
    과 가치관을 지켜나가고 가장 중요하게 생각하
    는 것과 일치하는 삶을 살아가는 지속적인 과정
    이다. **스티븐 코비**

아침을 여는
긍정 확언

Affirmations on the Go

사명에 초점을 맞추고 습관을 유지하는 힘을 길러주는 긍정적인 문장과 함께 하루를 시작하세요. 7가지 습관을 실천하며 자신의 관점이 어떻게 변하는지 지켜보세요.

자신의 삶을
주도하라

○ 도전을 극복하는 나의 능력은 무한하며,
  성공의 잠재력도 무한하다.

○ 나는 매일 아침 삶이 긍정적이고
  열정적이라고 느끼면서 일찍 일어난다.

○ 내 마음의 날씨는 내가 정한다.

○ 나는 내가 쓰는 언어에 신경 쓴다.
  나는 반사적 언어를 사용하지 않는다.

○ 나는 실패를 정면으로 마주한다.
  유일한 실패는 포기하는 것이다.
  나는 실패로부터 배운다.

○ 나는 나에게 맞서는 상황이나 사람을
  침소봉대하지 않는다.

○ 나는 두려움에 정면으로 맞선다.
  두려움으로부터도 배운다.

○ 나는 감정적으로 대응하기 쉬운 상황을
  마주하면 일단 멈추고 생각할 시간을
  갖는다.

끝을 생각하며 시작하라

○ 나는 미지의 신대륙을 탐험하고 싶다.

○ 나는 내 인생의 건축가다. 기초를 다지고
   무엇으로 삶을 채울지 결정한다.

○ 나는 자기 사명서와 함께 살고 있다.
   내면의 드러머가 연주하는 박자를 따른다.
   나는 다른 사람이 아닌 나 자신이 원하는
   내가 될 것이다.

○ 나는 시간, 재능, 능력, 그리고 인생을
   내 궁극적인 목표를 달성하기 위해
   투자한다.

○ 나는 이 배의 선장이다. 어디로 항해할지,
   무엇을 실을지 스스로 선택한다.

○ 결정적 선택의 순간마다 자기 서명서를
  다시 꺼내 살펴본다.

○ 나는 자주 자문한다.
  "삶이 나를 올바른 방향으로 이끌고 있는가?"

3
확언

소중한 것을
먼저 하라

○ 내 마음은 활기차고 분명하며 내 목표를
  이뤄가는 과정에 집중한다.

○ 내 일일 목표는 장기 목표를 향한다.

○ 오늘 내 업무에 온전히 집중한다.
  나는 온종일 세심하게 관찰할 것이다.

○ 오늘 나는 사람들과 더 가깝게 지내며
  시간을 보낼 것이다.

○ 나는 꿈만 꾸기보다 목표를 세운다. 목표로
  향하는 길을 찾는다. 그 길로 발을 내디딘다.
  매일매일 앞으로 걷는다.

○ 나는 오늘 미래의 위기에 대비할 것이다.

○ 나는 삶에서 성취하고 싶은 일에 온 힘을
   쏟아붓는다.

○ 나는 가장 소중한 일을 하는 데 시간을 쓴다.

4

확언

승-승을
생각하라

○ 나는 용기와 배려의 균형이 필요한 힘겨운
  상황에 직면했다. 나는 이 어려운 시기를
  이겨낼 해결책을 찾을 것이다.

○ 나는 승-승을 추구하면서, 성격이나 직책이
  아닌 문제 자체에 집중한다.

○ 나는 다른 사람들의 성공에 진심으로
  행복해한다.

○ 내 풍요의 심리는 개인적 가치와 안정감에
  대한 깊은 내면의 감각에서 나온다.

○ 나는 모든 상호작용에서 끊임없이
  상호유익을 추구하는 마음과 감정으로
  승-승 프레임을 선택한다.

○ 나는 승-승을 대인 관계를 이끄는
   습관으로써 굳게 믿고 실천한다.

○ 다른 사람들이 승-패의 마음으로 각본이
   되어 있더라도, 나는 승-승을 추구하며
   용기와 배려의 균형을 이룬다.

5
확언

먼저 이해하고 다음에 이해시켜라

○ 나는 온전히 이해하기 위해 판단하지 않고 공감적으로 경청한다.

○ 나는 나의 견해를 알리기 전에, 먼저 다른 사람의 관점으로 사물을 본다.

○ 인간이 느끼는 가장 깊은 욕구는 이해받는 것이다.

○ 나는 먼저 마음으로 듣고, 눈으로 듣고, 그리고 귀로 듣는다.

○ 나는 공감적으로 경청함으로써 나의 배려와 헌신의 수준을 보여준다.

○ 나는 적절한 시기에 적절한 단어로
　피드백하기 위해 심혈을 기울인다.

○ 나는 인내심을 가지고 다른 사람들과
　나 자신을 이해한다.

6
확언

시너지를 내라

○ 나는 문제 해결사다. 최고의 해결책을
   찾기 위해 다른 사람들과 힘을 모은다.

○ 나는 다양성을 존중하며, 사람이나
   아이디어의 차이점을 소중히 여긴다.

○ 나는 사람을 대할 때 감정은행계좌의
   잔고를 늘리고, 승-승을 추구하고,
   먼저 이해함으로써 시너지를 낼 수 있는
   이상적인 환경을 조성한다.

○ 더 나은 해결책을 마련하기 위해
   다른 사람들과 최선을 다해 협력한다.

○ 나는 팀워크와 의사소통의 가능성에
   항상 마음이 열려 있다.

○ 모든 사람에게 돌아갈 만큼 혜택, 인식,
　성공이 풍부하다.

끊임없이
쇄신하라

○ 나는 체격이 적당하고 건강하며 자신감이
   넘친다. 내 외면과 내면은 일치한다.

○ 나는 마음이 올곧고 맑다. 나는 육체적,
   정신적, 영적, 사회·감정적 등 네 차원의
   균형을 추구한다.

○ 나는 차분하고 편안하며 내 모든 존재에
   활력을 불어넣는다.

○ 인생은 상향식 나선형이다. 배우고,
   결심하고, 실천하고, 또 배우고, 결심하고,
   반복해서 실천하는 과정이다.

○ 내 몸은 놀라운 기계다. 나는 주의 깊게
   몸을 쓰고 함부로 다루지 않는다.

○ 나는 다른 사람들을 무너뜨리기보다는
  키울 방법을 찾는다.

○ 나는 자연 속에서 평화와 평온을 발견한다.

○ 나는 상상력이라는 타고난 능력을 사용하여
  목표를 명확하게 시각화한다.

7가지 습관 핵심 요약

7 Quick Takeaways from The 7 Habits on the Go

습관 ❶ 자신의 삶을 주도하라

자기 삶을 책임지라. 당신은 유전적·환경적·심리적 결정론의 희생자가 아니다. 영향력의 원 안에서 생활하라.

습관 ❷ 끝을 생각하며 시작하라

사명, 핵심 가치, 그리고 인생의 목표를 명확히 하라. 인생에 대한 자신의 비전을 바탕으로 살아가라.

습관 ❸ 소중한 것을 먼저 하라

활동들의 우선순위를 정하고 가장 중요한 일에 초점을 맞춰라. 급하지 않지만 더 중요한 일(제2사분면)에 시간을 더 많이 할애하라.

습관 ❹ 승-승을 생각하라

모든 사람이 이길 수 있다고 마음먹으면, 다른 사람이 성공해도 기쁘다.

습관 ❺ 먼저 이해하고 다음에 이해시켜라

사람들의 말을 공감하며 경청한 다음 내 말을 들어달라고 부탁하라.

습관 ❻ 시너지를 내라

차이점을 가치 있게 여기고 축하하라. 지금까지 혼자 얻은 결과보다 더 많은 것을 성취할 것이다.

습관 ❼ 끊임없이 쇄신하라

신체, 정신, 영혼, 사회성·감정. 4가지 차원의 배터리를 모두 끊임없이 재충전하라

THE 7 HABITS ON THE GO